Francisco de Asís

EL CÁNTICO
DE LAS CRIATURAS
Y OTROS TEXTOS

Edición de Martí Àvila i Serra

Traducción
de
J. Herranz, J. Garrido
y J. A. Guerra

LOS PEQUEÑOS LIBROS DE LA SABIDURIA

La portada reproduce un fragmento
de *Escena de la vida de San Francisco: la predicación a los pájaros.*
La contraportada, un detalle de
La huida de los demonios de Arezzo.
Frescos, 1296-1302. Basílica de San Francisco de Asís.

© 2002, para la presente edición,

José J. de Olañeta, Editor
Apartado 296 - 07080 Palma de Mallorca

Reservados todos los derechos

ISBN: 84-9716-028-2
Depósito Legal: B-6881-2002

Impreso en Liberdúplex, S. L. - Barcelona
Printed in Spain

I. ESBOZO DE UNA VIDA

En el valle de Umbría «vino al mundo un sol, resplandeciendo como éste cuando asoma por las márgenes del Ganges. Dice muy poco de este lugar aquel que le llama Asís; si se quiere hablar con propiedad debe llamársele Oriente» («El Paraíso», XI). En el Paraíso de la *Divina Comedia* de Dante, Francisco ocupa un lugar de relevancia; gran mérito, pues de tal suerte sólo disfrutaron los personajes afines al poeta. Pobreza, humildad, sencillez son las tres palabras que abren la puerta del cielo dantesco y las de cualquier otro cielo, pero sobre todo resuenan las cuerdas musicales que hacen vibrar toda existencia: la pasión de un Amor sentido y la Poesía que hechiza el espíritu. He aquí en pocas palabras el resumen de una vida, palabras que pretenden captar el misterio de un ser humano perdido en los pliegues de la historia y el tiempo. El Amor tiene un regusto a caos pues mucho antes de que la palabra fuera pronunciada él ya existía, volaba por el éter cubriendo con su manto el todo caótico.

Detrás de toda persona se esconde una alborada de Amor que viene de lejos, de los rayos del sol naciente, y penetra la carne de todo viviente como fuerza subterránea. Una luz, desnuda y trémula, camina abriéndose paso entre las sombras de un siglo miserable como un rayo entre nubes grises. Esta luz tiene voz de poeta.

Dice Romain Rolland que cuando un hombre desnudo de sí mismo vive entre nosotros, sus actos se convierten en latidos del corazón de la virtud. El poeta esparce la semilla de la palabra con el deseo de romper el hielo de una humanidad insensible, dolida, atareada en guerras y cruzadas, en iglesias y catedrales, y carente de paz y misericordia, mientras en el rincón oscuro de las ciudades, en las márgenes de los ríos, amontonada, una multitud de rostros abre sus labios escuchando sólo el eco de sus propias palabras; ojos tristes que buscan a su alrededor una mirada tierna; manos que se abren y sólo tocan la nada; rodillas que ya no soportan más carga; una madre que aprieta contra sí el hijo que acaba de morir de inanición.... Dura realidad la del pobre cuya pobreza lo hace inexistente para los demás. Sólo alguien de su misma condición podía acercarse a ellos, alguien que hubiera roto las cadenas de la riqueza y se hubiera separado de la sociedad de mirada altiva, de fingida compasión y también de falso altruismo que únicamente acentúan la distancia que los separan. Esto no es cosa de santos sino de la santidad, una cosa que, como la alegría, nace y se expande desde el interior. Hombres y mujeres que, a pesar de su desnudez, cantan las maravillas de la creación.

En todas las cosas hay música y armonía si se sabe escuchar desde la profundidad. Si se tocan se hielan y enmudecen. Sólo un ser libre y desprendido de sí es capaz de dejar que las cosas canten. Esto es, sin duda, lo que siempre ha fascinado del *Poverello* de Asís, no sólo en el ámbito del cristianismo sino también en el de otras religiones como el budismo y el hinduismo. Su secreto es el de una vida convertida en pura alabanza por la confianza plena en el Dios de Jesucristo; cualquier vida, incluso aquella vida perdida que aparece a nuestros ojos como la más miserable, puede cambiar puesto que Dios se encuentra y se hace visible en cualquier parte. ¿Panteísmo? Francisco no se perdía en estas disquisiciones, él era hombre de vivencias profundas: Dios en todas partes, y basta. *Deus meus et omnia* (Dios mío y todas las cosas), repetía frecuentemente. Paradójicamente, encontrar a Dios no es en absoluto difícil. Sin embargo, no es fácil el camino que conduce al vértice del verdadero Amor y de la verdadera Poesía. Comienza en un viaje iniciático hacia el propio interior con la mirada diáfana que ve más allá de todo deseo y se eleva hacia la intimidad de las cosas.

Estas páginas pretenden ser un esbozo de vida. Así es, porque una vida contada (incluso contada en primera persona) es siempre un esbozo: en unos minutos o en unas cuantas horas de lectura no cabe la riqueza de años de experiencia, de vivencias, de pensamientos y encuentros. Como decía Henri Bergson, no es lo mismo conocer París a través de planos que conocerlo paseando por sus calles. De cualquier modo, aun sabiendo que nunca llegaremos a expresar la totalidad de Francisco, son precisas unas palabras sobre el Francisco histórico como preámbulo de algunos de sus mejores escritos. Al final dejaremos hablar al santo.

Francisco nace a fines del siglo XII, un fin de siglo que augura nuevas estructuras sociales en detrimento de las viejas y caducas estructuras feudales y rurales. La génesis de este cambio hay que buscarla en el despertar del comercio en toda Europa, con el consiguiente desarrollo del mundo urbano que da paso a una nueva sociedad, la burguesía de los comerciantes. Efectivamente, la aparición y desarrollo dinámico del mundo urbano dominado por comerciantes constituyó una verdadera revolución en el interior de las arcaicas concepciones feudales y provocó una gran conmoción en las costumbres. Crece el interés por el dinero; él es el símbolo de riqueza como lo había sido antes la tierra. Francisco pertenece a esta clase social, la de los comerciantes ricos que rechazan cualquier jerarquía social basada en el vasallaje. La Iglesia, en cambio, a pesar de las diversas reformas, no terminaba de salir del pozo en que se encontraba. Crecían los movimientos de *retorno al evangelio* (humillados, valdeses, patarinos, beguinas, cátaros...) que ponen contra las cuerdas a un buen número de eclesiásticos de dudosa virtud. Los obispos, más que pastores de su pueblo, parecen señores feudales; los clérigos poco instruidos y ansiosos de riquezas; el papado intentando mantener su poder político y social a base de excomuniones y pactos con reyes y emperadores... No es que el sentido espiritual haya desaparecido, sí que ha pasado a un segundo término.

Francisco, nacido en Asís el 1181/82, en plena ebullición social, vivirá el nuevo siglo repleto de grandes convulsiones sociales y eclesiásticas, gestador de las órdenes mendicantes. Era hijo de Pietro Bernardone y Donna Pica. El padre, comerciante en telas, y la madre proveniente del lejano Languedoc, según dice la tradición, tierra, por cierto, de poetas y trovadores. Mientras el padre se ocupa de sus negocios la madre canta al recién nacido gestas de amor aprendidas de trovadores ambulantes, de poetas enamorados creadores ambos de un modo nuevo de amar: el amor cortés, que Blaise Pascal definiría como *esprit de finesse*. Estos abandonan armas y orgullo en favor de un canto a la fuerza de la belleza donde las palabras brotan del hondón de la propia verdad. La naturaleza, la carne, el alma, todo tiene su lugar en el espacio abierto en que se ha convertido el trovador; su alegría, su canto de amor, su dama, la distancia, el dolor, la voz... son espacios sagrados llenos a rebosar de un amor que nunca se agota. Seguramente la infancia de Francisco estuvo alimentada por estos sueños de amores heroicos y nobles sentimientos.

Tiene diecisiete años —primavera de 1198— cuando los habitantes de Asís destruyen la fortificación que dominaba la ciudad, la Rocca, símbolo del poder feudal e imperial, y tiene dieciocho cuando Asís queda convertida en comuna libre. Reunidos los ciudadanos en la plaza mayor, declaran abolidos los derechos feudales y todas las prestaciones, cosa que provoca la huida de la nobleza. La comuna representaba el triunfo del espíritu asociativo sobre el espíritu de subordinación y vasallaje. De todo esto participa con vivo entusiasmo el joven Francisco. Se ignora hasta qué punto Francisco fue consciente de la importancia de tales acontecimientos, seguramente era demasiado joven para percibir su sentido en toda su magnitud. Sería más razonable creer que su participación fue más producto de la inercia del entusiasmo colectivo que no de una verdadera transformación de su sentido social. De hecho, desgraciadamente, cae y desaparece una dictadura (el feudalismo) para dar paso a otra (la de los burgueses).

Fuera o no consciente de la dimensión del cambio, es importante subrayar que su juventud se desarrolló bajo el signo de una gran libertad y una inmensa alegría de vivir. Lleno de vida y gozo, él es un ser abierto a la relación humana, en absoluto taciturno. Su entusiasmo era como el impulso de los trovadores extasiados ante su dama.

Deslumbrado por las gestas de los caballeros que tan magníficamente narraban los trovadores, quiere hacer realidad su sueño: convertirse en caballero, y esta oportunidad se le brinda cuando

Asís entra en guerra con la ciudad vecina de Perusa, su eterna rival. Allí cae prisionero. Un año largo de cárcel, de humedad y soledad en el que termina por acostumbrarse al mal humor de sus compañeros de celda. Para un joven vital que se alimentaba de sueños fue, sin duda, un choque muy fuerte, un caer del caballo que le hará ver que hay que tocar con los pies en el suelo, vivir más a ras de tierra. El cautiverio deja en nuestro joven soñador la secuela de una extraña enfermedad. Su padre, Pietro Bernardone, ha pagado su rescate como era costumbre entre caballeros, pero la enfermedad ha provocado ya un cambio profundo. Tiempo de gracia y de sufrimiento; tiempo de delirio, soledad, silencio y reflexión. Ante sus ojos aparece una realidad oculta hasta ahora y aquello que lo había seducido, aquello por lo que tan atraído se había sentido, ahora ya no le interesa. Caen los antiguos valores abriendo paso al tremendo vacío existencial.

Una nueva guerra durante la primavera de 1205, la llamada del papa Inocencio III para recuperar los Santos Lugares, anima a Francisco a enrolarse en la nueva cruzada... No consigue lle-

13

gar más allá de Espoleto. Otro desengaño. Parece que la mala suerte camina a su lado.

¿Dónde está el joven de las fiestas, de los grandes banquetes con amigos, de los poemas bajo la ventana de las damas? De él ya casi no queda nada. No se explica su desventura. El vacío y el tedio llenan su vida. Con este estado de ánimo y durante el desvarío de una noche de fiebre allá en Espoleto, entre la consciencia y la inconsciencia, tiene la sensación de que alguien se acerca a él y le indica que vuelva a Asís. Duda de la realidad de esta voz, tal vez sea producto de la fiebre, del delirio, del insomnio. Es difícil y penoso tener que regresar a su casa: es la vuelta de un Francisco fracasado, vencido antes de entrar en combate. Cierto, ha sido vencido antes de entrar en combate pero, esta vez, por una voz que le aconseja lo más difícil para él: volver. Es penoso porque sabe que caerá sobre él una lluvia de palabras calumniadoras, verá el juicio duro de sus coetáneos en los ojos que le juzgarán duramente, oirá, incluso, las risas burlonas de quienes digan: he aquí el soñador... Tal vez su padre ya no confiará más en él... Habría sido mejor y más fácil seguir con la expedición que no enfrentarse al juicio despiadado de sus compatriotas.

El retorno a la patria puede ser una alegoría de un viaje a la interioridad, de ir al núcleo, recogerse en lo más íntimo de sí mismo, allí donde la vida se construye en la verdad. Este es el más duro viaje. Sea o no una alegoría, lo cierto es que Francisco regresa a Asís con el ánimo destrozado. El camino ha significado, además, el descubrimiento de una realidad que ignoraba, lo que nunca se había atrevido a mirar de frente: descubre la angustia del mundo que hay en las comunas, ricas en promesas y sin embargo tan engañosas para quienes viven en sus márgenes. Francisco abre sus ojos a ellos, a los leprosos, a los mendigos, al pueblo bajo de los talleres y de los subterráneos; los ve y se compadece: «Y el Señor mismo me llevó entre ellos, y practiqué con ellos la misericordia» (Testamento, 2). Ellos son los *pauperes Christi* (los pobres de Cristo).

Francisco descubre paulatinamente el mundo de los pobres: al principio desde el exterior, como rico benefactor que da limosna sin que este acto signifique compromiso alguno con ellos para, después, sumergirse en cuerpo y alma en su vida. El encuentro con el leproso y el desnudarse ante el obispo de Asís son dos de los episodios más conocidos de la vida de Francisco y fueron el punto de partida de una nueva comprensión de la realidad. Al principio le molestaba hasta la náusea cualquier deformación física, es el caso de la mujer jorobada; por eso, encontrarse con el leproso y besarlo es un acto de heroísmo sublime. Una experiencia mística. Fue el encuentro de dos personas que sufren y luchan, intercambio de experiencias vívidas. Sólo quien sufre es capaz de comprender a quien sufre. Llegado a este punto, lo que era amargo se le convierte en dulzura.

Que en las raíces del franciscanismo esté el encuentro con los leprosos (las leproserías fueron primer lugar de formación para los seguidores de Francisco), significa que su espiritualidad nace de la experiencia y no de una literatura que transita por las nubes. A Dios no se le encuentra —únicamente— en los libros de teología, a Dios se le reconoce en la vida. Él está en el vivir cotidiano y todos los acontecimientos son signo, sacramento de la presencia de Dios. Dios me conduce, Dios me guía, Dios me ilumina, no se cansa de repetir Francisco una y otra vez. Su vida se basa en una relación, un encuentro, una presencia, una comunión. La evasión es vida no vivida, huida al mundo irreal, incapacidad de comunicar con el otro. El verdadero encuentro es recíproca relación de amor. Dar y recibir, apertura y acogida desde la libertad del amor. Desde esta actitud el leproso no es un símbolo, un mito lejano, sino una realidad que el santo de Asís supo acoger.

Francisco camina por las afueras, más allá de las murallas, busca la paz entre los olivos y viñas y se sienta en el borde de un camino o de una fuente admirando el cielo azul de la Umbría. Desde este *locum quietis* rebusca en sus entrañas la chispa que le haga comprender todo aquello que no es capaz de ver. Su entorno se reduce y se vuelve introvertido y solitario.

En uno de estos paseos encuentra una ermita medio derruida, abandonada y lóbrega, sin fieles ni oraciones, y entra en ella. Era San Damián.

Nadie bajaba por su escalera ni luz alguna se consumía delante de su altar; sólo silencio, soledad y abandono, pero allí estaba, colgado en el frente del altar, el icono en nogal del Cristo crucificado. «¡Oh, qué dulce lenguaje el de su mirar!», se repetía constantemente. Largas horas permaneció atónito ante esta imagen del Crucificado. Él le transmitía una humanidad que jamás viera antes. No. Este Dios no tenía nada que ver con el de los señores eclesiásticos; no era el Dios de las guerras feudales ni de las guerras santas, nada que ver con el Dios de los privilegios del nuevo orden social, el de los ávidos comerciantes. No, este Dios no contemporiza con el dinero ni con el poder ni es, tampoco, un manipulador de conciencias, al contrario, él está próximo a pesar del desamparo y sus brazos acogedores se abren a su angustia. Desde el silencio de la contemplación de Jesús Crucificado, Francisco siente que un soplo de ternura le penetra el corazón y todo su cuerpo. En este momento nace en su interior el enorme deseo de seguir al Altísimo Hijo de Dios en su camino humano, en su humildad y pobreza, en su anonadamiento. Quiere convertirse en hermano de los más pobres sin ejercer nunca dominio sobre ellos. Este será su *secretum solitudinis*. Dicho esto, no estaría de más recordar las palabras del teólogo Leonardo Boff cuando dice que hay que amar al pobre real y no al pobre idealizado, al pobre sin dientes, al que refunfuña sin parar, al que, a veces, no quiere pan sino dinero para emborracharse. Acoger a estas personas es acoger a Cristo que nos visita.

La vida de Francisco transcurre como la uva que madura en la viña. El 24 de febrero de 1209, en Santa María de los Ángeles, llamada la Porciúncula, durante la celebración de la festividad de San Matías, un nuevo acontecimiento le hace cambiar de dirección. Hacía ya tres años que se había alejado de todo vínculo familiar y amistad interesada, vivía como penitente y eremita dedicado a la reconstrucción de ermitas esperando la manifestación de aquella voz que le había hablado ya varias veces. Este 24 de febrero, pues, escuchando el evangelio de la misión de los discípulos (cf. *Lc* 9, 1 6) le cae la venda de los ojos y le llega la respuesta que estaba esperando desde hacía tanto tiempo. Inmediatamente se pone en marcha: sale de su eremitismo, deja el trabajo de albañil (en las ermitas) y se lanza por caminos y encrucijadas al encuentro de los hombres y de su historia. Convertirse en discípulo de Jesús y ser capaz de anunciar su evangelio exige ser libre, desprendido de toda propiedad y riqueza, nómada como el viento y ligero como la hoja que cae al río. Pocas son las cosas que necesita el verdadero discípulo: la ropa que lleva puesta. Se exige prontitud, hay que dejar que los muertos entierren a sus muertos, sus negocios ya no son nuestros negocios. «Esto es lo que quiero, esto es lo que deseo», manifiesta exultante Francisco. Desde ahora será un caminante que recorre pueblos y valles anunciando un nuevo rostro de Dios, el rostro humano, muy humano, de Jesús. Sin saber cómo, Francisco se ha encontrado con el peregrino perdido por el camino de Emaús.

A partir de este momento la madeja de los acontecimientos (de los que sólo citaremos unos pocos) se desenrolla rápidamente. Si el inicio de Francisco, su búsqueda, fue en solitario, ahora aparecen compañeros que, desilusionados de sí mismos y de la sociedad e impresionados por el estilo de su vida, quieren compartir los mismos ideales evangélicos.

En el año 1209-10, cuando ya era doce el número de hermanos, salen hacia Roma en busca de la aprobación papal (Inocencio III) a su estilo de vida (aprobación verbal denominada proto-regla). Ciudades y pueblos oyen su predicación sencilla y práctica, sin demasiadas lucubraciones teológicas. Trabajan el campo y no piden dinero, tan sólo la paga en especie. Leproserías y hospitales serán el noviciado en que ejercitarán la humildad y misericordia. El año 1212, con el visto bueno de Francisco, Clara de Asís (de la noble familia de los Sciffi) pone las bases de las llamadas *damianitas* (2ª orden franciscana de Santa Clara).

Pasa el tiempo, la Fraternidad crece y se expande rápidamente por toda Italia. En 1215 se celebró el Concilio Lateranense IV con la intención de renovar la Iglesia, especialmente los abusos del bajo clero. El año 1223, tras el intento fallido de 1221, se aprobó la Regla definitiva de la

Orden. En el 1224 , estando en Alverna, Francisco recibe los estigmas. Su estado físico empieza a decaer. Un año más tarde compone el *Cántico del Hermano Sol* y unos meses antes de morir dicta el que podríamos llamar su legado espiritual, el *Testamento*. El 3 de octubre de 1226 muere. Tenía cuarenta y cuatro años.

II. ALGUNAS NOCIONES SOBRE LOS ESCRITOS[1]

Con frecuencia se ha comentado lo extraño que resulta que no se posea ningún escrito, excepto una breve carta, de santo Domingo de Guzmán, hombre de vasta cultura universitaria y fundador de la Orden de Predicadores (Dominicos), mientras que de san Francisco de Asís, de escasa cultura y que se consideraba a sí mismo *ignorante e idiota* (término que no significa analfabeto sino carente de cultura teológica y literaria; *hombre sin letras*, como se definía el

1. Para la selección de los escritos que presentamos aquí hemos usado *Los escritos de Francisco y Clara de Asís* en edición preparada por Julio Herranz, Javier Garrido y José Antonio Guerra. *Textos y apuntes de lectura*, ed. Arantzazu, Oñati (Guipúzcoa) 2001. Debemos advertir que la plegaria *Absorbeat* no se encuentra en esta edición, pues no corresponde a la autenticidad de las plegarias de Francisco.

genial Leonardo da Vinci), nos hayan llegado una treintena de escritos. Bromas de la historia.

Hablar de los *Escritos* es hablar de Francisco «escritor», título que él nunca se habría otorgado porque sus *Escritos* no surgieron por motivos culturales o razones literarias sino de una exigencia de vida: nacen de su experiencia de hombre a la búsqueda del Dios de Jesucristo. Son, a fin de cuentas, la prolongación en el tiempo de su oración, de su opción de vida y su forma de anunciar el evangelio.

Estos *Escritos* son sin duda el mejor camino para conocer a Francisco, aunque insuficiente a la hora de componer una biografía; harían falta, además, fuentes biográficas y crónicas de la época para completarlos. Excepto en los primeros versículos del *Testamento* —último escrito—, donde el santo manifiesta el cambio acaecido en su vida, en los otros escritos no hace alusión alguna a su pasado, siempre discreto y reservado a la hora de expresar experiencias personales ocultas en el silencio de su propia intimidad. De ahí el esfuerzo que supone la lectura de quien quiera leer entre líneas. Se tendrá que andar con pies de plomo con los comentarios de sus primeros biógrafos (los de los siglos XIII y XIV), quienes presentan una imagen de Francisco teológicamente condicionada debido a la situación histórica y eclesial y a las tensiones surgidas en el seno de la propia Orden franciscana. Estos biógrafos buscaban, seguramente, un modelo edificante sin darse cuenta de que, al engrandecerlo, lo alejaban y lo hacían inaccesible al pueblo creyente. Aún hoy muchas biografías presentan aspectos parciales, incluso contradictorios, según la ideología del que las escribe: un Francisco tradicionalista o progresista, de izquierdas o de derechas, socialista o fascista, católico-apostólico-romano o de tendencias laicizantes... A todo este galimatías añadamos que no todos los escritos son de la misma intensidad, espontaneidad ni profundidad, como no es lo mismo una plegaria nacida de una experiencia vital que una norma que pretenda ser Regla de Vida con las fórmulas jurídicas estereotipadas comunes a todas las Reglas. Por tanto, hay que tener en cuenta todos los diversos niveles de estos *Escritos*.

A lo largo de toda la historia franciscana los *Opúsculos* de Francisco han producido no pocos quebraderos de cabeza a sus intérpretes. Nuestra intención no es, aquí, la de repensar toda su historia, cosa que sería excesiva, sino dar unas nociones generales, pinceladas que tal vez ayuden a desenredar mejor esta madeja franciscana. Estos textos, a pesar de haber sido copiados y difundidos (se conservan de ellos varias colecciones), estuvieron sepultados durante siglos en archivos conventuales por ser considerados teológicamente poco relevantes o tal vez se creyeran perdidos. Si acaso se consultaba alguno era únicamente para edificación espiritual o en busca de directrices morales. La primera colección sistemática fue la de Lucas Wadding (1623), quien , a pesar de sus buenos deseos, introdujo por desconocimiento escritos falsamente atribuidos a Francisco; así, gracias a él, no se perdieron los escritos verdaderos, pero dejando al porvenir la espinosa tarea de separar los falsos de los auténticos. En 1904 aparece la primera edición crítica de *Opuscula Sancti Francisci* de los Padres de Quaracchi (entre ellos Leonhard Lemmens) juntamente con la de Heinrich Boehmer. Ciertamente que este redescubrimiento tiene nombre propio, el de Paul Sabatier, discípulo de Ernest Renan, quien escribió la *Vie de S. François d'Assise*, datada en 1894, en la que dedica toda la parte introductoria a las fuentes de la historia y biografía del santo. Esta nota introductoria fue el punto de partida de la llamada *cuestión franciscana*, esto es, unificar y limpiar de adherencias las diversas biografías y materiales referentes a la vida del *Poverello*. La edición crítica de Kajetan Esser («*editio maior*» 1976, «*editio minor*» 1978), trabajada escrito por escrito, código por código en un esfuerzo realmente titánico, es el punto de referencia para nuevas ediciones ya que, por hoy, se la considera la más fiable.

Hemos citado, como de pasada, que no todos los escritos son iguales pues recorren una amplia franja de su vida: veinte años (1206-26); no tiene la misma intensidad un escrito de los inicios que otro del fin de su vida, a cada uno su contexto y situación vital, su *sitz im leben*. Como ejemplo: la enorme diferencia entre la primera plegaria ante el Cristo de San Damián (1206), catequética y de búsqueda de la voluntad de Dios, y aquellas de los últimos años, más místicas y de pura alabanza. Igualmente se podrían citar otros escritos.

Los *Escritos* fueron dictados por Francisco en lengua vulgar, italiano umbro; más tarde eran traducidos al latín por un hermano. El *Cántico del Hermano Sol* es el único conservado en lengua vulgar. Las sucesivas redacciones y revisiones están en el origen del problema que atañe a la autenticidad de los *Escritos*; como trasfondo, la duda de hasta qué punto se han podido alterar las intenciones y palabras de Francisco; el único modo de averiguarlo es el análisis sistemático, léxico y semántico del conjunto de la obra, tarea que aún hoy resulta penosa y discutible. La autenticidad de estos *Escritos* la descubrimos también por el testimonio de biógrafos primitivos y argumentos objetivos como son algunos códices de la época.

Son diversas las clasificaciones de los *Escritos*: por orden alfabético, cronológico, poético, por escritos latinos, italianos... Nosotros nos atenemos a la que los sanfranciscanistas consideran la mejor por su contenido. Así la clasificación sería: Plegarias, Cartas, Avisos espirituales, Textos legislativos y Últimas voluntades.

La selección que presentamos ahora puede ser tildada de parcial; ha sido una elección voluntaria de presentar el Francisco más universal, alejado de la problemática interna de su Orden y de la Iglesia del momento, aunque no sea fácil separar una cosa de la otra. Esta selección pone el acento en las plegarias porque muestran, seguramente, el Francisco más íntimo, más expansivo, el hombre en su relación con Dios; precisamente el primer biógrafo, Tomás de Celano, captó muy bien esto cuando dice: «*non tam orans, quam oratio factus*» (no un hombre de oración, sino un hombre hecho oración) (cf. 2Ce 94-95). *El Cántico de las Criaturas, Oración ante el Cristo de San Damián, Plegaria «Absorbeat», Paráfrasis del Padre Nuestro, Saludo a las Virtudes, Alabanzas al Dios Altísimo, Bendición al hermano León* son las oraciones que deliberadamente se han escogido para esta recopilación. También hay que añadir dos cartas, *Carta al hermano Antonio* y *Carta a un Ministro*. Dos textos, uno de cariz legislativo, *Regla para los eremitorios,* y otro exhortativo, *Las Admoniciones* 13-28, y finalmente el texto de la *Verdadera Alegría* y la narración del *Lobo de Gubbio*; este último perteneciente a la hagiografía franciscana y no a los *Escritos* (cf. *Florecillas* XXI), ambos con clara referencia a la paz.

EL CÁNTICO
DE LAS CRIATURAS

El *Cántico del Hermano Sol* muestra de modo maravilloso la síntesis de lo que fue la vida de Francisco de Asís: Alabanza al Altísimo, Omnipotente, Buen Señor, Verdad y Belleza que ilumina el universo. Manifiesta el amor secreto que alimenta los vínculos de fraternidad entre todas las criaturas. El sol, la luna, las estrellas, el agua, el fuego, el viento, el paisaje, hombres y mujeres revelan el profundo misterio de la bondad de las cosas creadas. Lo que realmente sorprende es que este cántico nazca del corazón iluminado de un hombre casi ciego, enfermo, a punto de morir, que ve, percibe las cosas con los ojos del espíritu y, a pesar de sus dolores, es capaz de cantar la fraternidad de las cosas, buscar la paz y reconciliación del hombre con el hombre y acoger la muerte como hermana. Este *Canto* fue compuesto en el año 1225 en San Damián, convertido ahora en monasterio de Clarisas, mimado amorosamente por la hermana Clara. Hay que resaltar que el *Cántico* no es, en modo alguno, un cántico ocasional ni fruto del momento, sino resultado de larga experiencia religiosa, cántico que brota de la profundidad de una existencia hecha armonía y acordes musicales. Puesto que la imaginación poética de la materia no se improvisa, es necesario tiempo para dar vida y animar las cosas. El auténtico poeta sólo encuentra sus símbolos en las profundidades oníricas y arquetípicas del alma. Llama la atención la terminología utilizada para nombrar lo que le rodea; el nombre de hermano, hermana o madre es, sin duda, una de sus grandes intuiciones, como lo es también la construcción de los elementos por parejas en la combinación masculino-femenino: sol-luna, viento-agua, fuego-tierra, así el género masculino del sol se une al femenino de la luna como principio activo el primero y pasivo el segundo, el que recibe la luz del sol. La relación hermano-hermana se extiende a otros elementos poniendo en evidencia la fuerte armonía entre todo lo creado. Todas las parejas se encuentran incluidas en el gran matrimonio Sol-Tierra, lugar de unión cósmica de donde nacen los otros elementos.

Las dos últimas estrofas, que fueron añadidas con posterioridad, nacen de unas necesidades bien concretas a las que Francisco quiere dar solución. La penúltima es llamada al perdón y a la paz, elaborada a partir de una situación conflictiva y violenta entre el obispo y el alcalde de Asís. La última estrofa es un canto a la muerte: canto al valor de una vida que vence la muerte, muerte corporal que se impone a toda vida humana de forma violenta, drama difícil de superar pero susceptible de convertirse en hermana cuando se incluye en la seguridad de una vida eterna y de eterno amor.

Las citas bíblicas que acompañan el texto, aunque importantes, no las transcribimos para no distraer la lectura. Seguiremos la misma norma en todos los textos.

Altísimo, omnipotente, buen Señor,
tuyas son las alabanzas, la gloria y el honor y
toda bendición.
A ti solo, Altísimo, te corresponden
y ningún hombre es digno de pronunciar tu
nombre.

Loado seas, mi Señor, con todas tus criaturas,
especialmente el señor hermano sol,
él es el día y por él nos alumbras;
y es bello y radiante con gran esplendor:
de ti, Altísimo, lleva significación.

Loado seas, mi Señor, por la hermana luna
y las estrellas:
en el cielo las has formado claras y preciosas
y bellas.

Loado seas, mi Señor, por el hermano viento,
y por el aire y el nublado y el sereno y todo
tiempo,
por el cual a tus criaturas das sustento.

Loado seas, mi Señor, por la hermana agua,
que es muy útil y humilde y preciosa y casta.

Loado seas, mi Señor, por el hermano fuego,
por el cual alumbras la noche:
y es bello y alegre y robusto y fuerte.

Loado seas, mi Señor, por nuestra hermana la
madre tierra,
que nos sustenta y gobierna
y produce distintos frutos con flores de colores
y hierbas.

Loado seas, mi Señor, por los que perdonan
por tu amor
y sufren enfermedad y tribulación.

Bienaventurados aquellos que las sufren en paz,
pues por ti, Altísimo, coronados serán.

Loado seas, mi Señor, por nuestra hermana la
muerte corporal,
de la cual ningún hombre vivo puede escapar.

¡Ay de aquellos que morirán en pecado mortal!
Bienaventurados los que encontrará en tu
santísima voluntad,
pues la muerte segunda no les hará mal.

Load y bendecid a mi Señor
y dadle gracias y servidle con gran humildad.

ORACIÓN ANTE EL
CRISTO DE SAN DAMIÁN

El impresionante icono del Cristo de San Damián, pintado sobre madera de nogal y de 2,10 m. de
alto por 1,30 m. de ancho, proviene de la escuela um-
bra con elementos siriobizantinos. Su característica
principal está en el hecho de que el Crucificado parece desprenderse de una cruz que es, al mismo
tiempo, sepulcro abierto. La oración es del Francisco

de los primeros tiempos (sobre el año 1206), época de búsqueda y discernimiento. Es quizá la única oración en la que Francisco deja aflorar su angustia: pide que llegue la luz, entre tanta tiniebla, descubrir la voluntad divina. Según la tradición, el Cristo habló a Francisco y le encargó que reconstruyera su Iglesia.

Sumo y glorioso Dios,
ilumina las tinieblas de mi corazón
y dame fe recta, esperanza cierta y caridad
perfecta,
sentido y conocimiento, Señor,
para que cumpla tu santo y veraz manda-
miento.

PLEGARIA «*ABSORBEAT*»

La edición crítica de Kajetan Esser no admite esta plegaria como auténtica, ni siquiera parcialmente, y con él están de acuerdo casi todos los críticos, por eso no la incluyó en su edición. Lo que sí es cierto es que era anterior a Francisco y se admite que posiblemente la conocía y usaba, según testimonio de Ubertino de Casale y San Bernardino.

Señor, que la fuerza inflamada y meliflua de tu amor arranque mi alma de tal manera de todo lo que hay bajo el cielo, que yo muera por amor de tu amor, ya que tú te has dignado morir por amor de mi amor.

PARÁFRASIS DEL PADRENUESTRO

Desde los primeros siglos del cristianismo el Padrenuestro ha sido una de las oraciones más comentadas como compendio de vida interior (patrística, apologetas... etc.). En Francisco no podía ser menos y, aunque el original no sea suyo puesto que se sirvió de modelos ya existentes para su comentario, lo cierto es que sí corresponde a su espíritu, pues adapta y transforma los textos con gran libertad. El resultado es una plegaria bella y profunda que mezcla elementos ajenos y expresiones muy personales. Esta oración solía recitarse antes de cada hora del Oficio Divino.

¡Oh santísimo Padre Nuestro:
creador, redentor, consolador y salvador nuestro!

Que estás en los cielos:
en los ángeles y en los santos;
iluminándolos para conocer,
porque tú, Señor, eres la luz;
inflamándolos para amar,
porque tú, Señor, eres el amor;
habitando en ellos y colmándolos
para gozar de la eterna bienaventuranza,
porque tú, Señor, eres el bien sumo, eterno,
de quien todo procede, sin quien no hay bien
alguno.

Santificado sea tu nombre:
clarificada sea en nosotros tu noticia,
para que conozcamos
cuál es la anchura de tus beneficios,
la largura de tus promesas,
la sublimidad de tu majestad y la hondura de
tus juicios.

Venga tu reino:
para que reines en nosotros por la gracia,

y nos hagas llegar a tu reino,
donde está la visión manifiesta de ti,
el amor perfecto a ti,
la unión bienaventurada contigo,
la fruición de ti por siempre.

Hágase tu voluntad, en la tierra como en el cielo:
para que te amemos con todo corazón,
pensando siempre en ti;
con toda el alma, deseándote siempre a ti;
con toda la mente, dirigiendo todas nuestras intenciones a ti,
buscando en todo tu honor;
y con todas nuestras fuerzas,
destinando todas nuestras fuerzas
y los sentidos del alma y del cuerpo
al servicio de tu amor y no a otra cosa;
y para que amemos a nuestros prójimos como
a nosotros mismos,
atrayendo a todos, según nuestras fuerzas, a tu
amor,
alegrándonos de los bienes ajenos como de los
nuestros
y compadeciéndolos en los males,
y no siendo causa de tropiezo para nadie.

El pan nuestro de cada día:
tu amado Hijo, nuestro Señor Jesucristo,
dánosle hoy:
para que recordemos, comprendamos y
veneremos
el amor que nos tuvo
y cuanto por nosotros dijo, hizo y padeció.

Y perdónanos nuestras deudas:
por tu inefable misericordia,
por el poder de la pasión de tu amado Hijo
y por los méritos e intercesión de la beatísima
Virgen
y de todos tus elegidos.

*Así como nosotros perdonamos a nuestros
deudores:*
y lo que no perdonamos plenamente,
haz tú, Señor, que plenamente lo perdonemos;
para que por ti amemos de verdad a los enemigos
y por ellos intercedamos devotamente ante ti,
no devolviendo a nadie mal por mal,
y para que nos esforcemos por ser en ti útiles
en todo.

Y no nos dejes caer en la tentación:
oculta o manifiesta,
imprevista o insistente.

Mas líbranos del mal:
pasado, presente y futuro.
Gloria al Padre...

SALUDO A LAS VIRTUDES

Alabanza de Francisco a ciertas virtudes evangélicas. Van emparejadas intencionadamente. Sabiduría-simplicidad, pobreza-humildad, caridad-obediencia, son los tres binomios que desea Francisco para sí. Quien consigue una de estas virtudes las tiene todas con la condición de morir a todos los vicios, a la concupiscencia. El Santo hermana y da forma humana a las virtudes, que expresan la tensión constante hacia el ideal nunca conseguido y luchan contra sus enemigos, los vicios.

¡Salve, reina sabiduría,
el Señor te salve con tu hermana la santa pura
simplicidad!
¡Señora santa pobreza,
el Señor te salve con tu hermana la santa
humildad!
¡Señora santa caridad,
el Señor te salve con tu hermana la santa
obediencia!
¡Santísimas virtudes,
a todas os salve el Señor, de quien venís y
procedéis!
No hay absolutamente nadie en el mundo
entero
que pueda poseer una de vosotras si antes no
muere a sí mismo.
Quien posee una y no ofende a las otras, las
posee todas.
Y quien ofende a una, ninguna posee y a todas
ofende.
Y cada una confunde a los vicios y pecados.
La santa sabiduría confunde a Satanás
y a toda su malicia.
La pura santa simplicidad confunde a toda la
sabiduría de

este mundo y a la sabiduría del cuerpo.
La santa pobreza confunde a la codicia y la avaricia
y a las preocupaciones de este mundo.
La santa humildad confunde a la soberbia
y a todos los hombres del mundo,
y a todo lo que hay en el mundo.
La santa caridad confunde a todas las tentaciones diabólicas
y carnales y a todos los temores carnales.
La santa obediencia confunde a todos los propios quereres
corporales y carnales, y mantiene mortificado su cuerpo
para obedecer al espíritu y para obedecer a su hermano,
y está sujeto y sometido a todos los hombres que hay en el mundo;
y no sólo a los hombres, sino también a todas las bestias y fieras,
para que, en cuanto les sea dado de lo alto por el Señor,
puedan hacer de él lo que quieran.

ALABANZAS AL
DIOS ALTÍSIMO

Las Alabanzas al Dios Altísimo, junto con la *Bendición al Hermano León* y *Carta al Hermano León*, es uno de los escritos autobiográficos del Santo. Las *Alabanzas* y la *Bendición*, aun perteneciendo a una misma cartulina (el uno en una cara y el otro en la otra), son dos escritos diferentes. Hay que situarla en setiembre de 1224 en Alverna, lugar donde recibió los estigmas. El hermano León deseaba tener un escrito de Francisco, convencido de que le serviría para librarse de una gran tentación del espíritu (cf. 2Ce 49). Para ayudarle, el Santo transmite al atribulado León lo más íntimo de sí mismo, su oración, su testimonio y su experiencia de Dios. Estas *Alabanzas* juntamente con la *Bendición* expresan en realidad el camino de una meditación que nace en Dios y a Dios retorna implicando en su movimiento circular las realidades creadas, el acontecimiento de Cristo y la historia del hombre que encuentra en la vida al Dios de la paz y se lanza con él hacia la eternidad.

Tú eres santo Señor Dios único,
el que hace maravillas.

Tú eres el fuerte,
tú eres el grande,
tú eres el altísimo,
tú eres el rey omnipotente;
tú, Padre santo,
rey del cielo y de la tierra.

Tú eres el trino y uno, Señor Dios de los dioses;
tú eres el bien, el todo bien, el sumo bien,
Señor Dios vivo y verdadero.

Tú eres el amor, la caridad;
tú eres la sabiduría,
tú eres la humildad,
tú eres la paciencia,
tú eres la belleza,
tú eres la mansedumbre;

tú eres la seguridad,
tú eres el descanso,
tú eres el gozo,
tú eres nuestra esperanza y alegría,

tú eres la justicia,
tú eres la templanza,
tú eres toda nuestra riqueza a satisfacción.

Tú eres la belleza,
tú eres la mansedumbre,
tú eres el protector,
tú eres nuestro custodio y defensor;
tú eres la fortaleza,
tú eres el refrigerio.

Tú eres nuestra esperanza,
tú eres nuestra fe,
tú eres nuestra caridad,
tú eres nuestra dulzura,
tú eres nuestra vida eterna,
grande y admirable Señor,
Dios omnipotente, misericordioso Salvador.

BENDICIÓN AL HERMANO LEÓN

El Señor te bendiga y te guarde;
te muestre su rostro y tenga misericordia de ti.
Vuelva a ti su mirada y te conceda la paz.
El Señor te bendiga, hermano León.

LA VERDADERA ALEGRÍA

La ya citada edición de Kajetan Esser incluyó este texto entre los *Opuscula dictata* de Francisco, según el testimonio del hermano Leonardo de Asís (cf. *2Ce* 31). La *Admonición* 5, el relato de *2Ce* 125 y la relectura y ampliación de *Florecillas* 8 avalan la autenticidad del escrito. No es la narración de un diálogo como las *Florecillas* sino la expresión figurativa de una meditación personal que puede tener como fundamento la *desapropiación* evangélica, fuente de la verdadera alegría. Hay que situar este escrito alrededor del otoño de 1220, poco antes de la renuncia de Francisco al cargo de superior general. El núcleo se sitúa en el discernimiento, pues no hay verdadera alegría sin desapropiación, sin humildad y sin sabiduría. Es una página de gran belleza espiritual y a la vez llamada de atención en referencia al ser sobre el tener.

Un cierto día el bienaventurado Francisco, estando en Santa María, llamó al hermano León y le dijo:

—Hermano León, escribe.

Éste le respondió:

—Ya estoy listo.

—Escribe —le dijo— cuál es la verdadera alegría:

Llega un mensajero y dice que han venido a la Orden todos los maestros de París. Escribe: «En esto no está la verdadera alegría».

También que han venido todos los prelados ultramontanos, arzobispos y obispos, y también el rey de Francia y el rey de Inglaterra. Escribe: «En esto no está la verdadera alegría».

Y dice también que mis hermanos han ido entre infieles y los han convertido a todos a la fe. Y que, además, yo he recibido de Dios tanta gracia, que sano enfermos y hago muchos milagros. Te digo que en todas estas cosas no está la verdadera alegría.

Pero ¿cuál es la verdadera alegría?

Vuelvo de Perusa y, en medio de una noche cerrada, llego aquí; es tiempo de invierno, está todo embarrado y hace tanto frío, que en los bordes de la túnica se forman carámbanos de agua fría congelada que golpean continuamente las piernas, y brota sangre de sus heridas.

Y todo embarrado, aterido y helado, llego a la puerta; y, después de golpear y llamar un buen rato, acude el hermano y pregunta:

—¿Quién es?

Yo respondo:

—El hermano Francisco.

Y él dice:

—Largo de aquí. No es hora decente para andar de camino; no entrarás.

Y, al insistir yo de nuevo, responde:

—Largo de aquí. Tú eres un simple y un inculto. Ya no vienes con nosotros. Nosotros somos tantos y tales, que no te necesitamos.

Y yo vuelvo a la puerta y digo:

—Por amor de Dios, acogedme por esta noche.

Y él responde: —No lo haré. Vete al lugar de los crucíferos y pide allí.

Te digo que, si he tenido paciencia y no me he turbado, en esto está la verdadera alegría, y la verdadera virtud y la salvación del alma.

CARTA A UN MINISTRO

Quienes hayan tenido ocasión de profundizar en el contenido de esta carta habrán podido intuir la paciente humanidad de Francisco y su realismo en lo que concierne a la educación de sus seguidores. Como hombre de gran experiencia religiosa y sentido pedagógico ha aprendido a educar en la libertad y responsabilidad personal, no obliga ni es autoritario y toda su fuerza nace del propio estilo de vida. Él deja hacer según la inspiración que cada uno recibe del Señor.

La importancia de la carta no está en una forma esmerada ni en unas palabras depuradas sino en la necesidad de transmitir un mensaje, un impulso lleno de seguridad interpelador de la conciencia del interlocutor en su mismo centro. Respecto a la fecha, se la puede ubicar en el arco que va de 1217 a 1221 sin otra seguridad. El eje de la carta, al menos en su primera parte, es la misericordia, pues va dirigida a un ministro que piensa escapar a sus responsabilidades hacia los demás, especialmente en lo que se refiere a la tarea de acompañamiento al hermano que se siente débil y cae continuamente. En la segunda parte (que en esta selección de textos suprimimos intencionadamente), el estilo afectuoso de la primera ha desaparecido y pasa a cuestiones prácticas en el ejercicio de la misericordia como evitar la murmuración y la difamación, y saber transmitir un silencio caritativo. Se pide también la confesión recíproca y, finalmente, que la única penitencia sea la evangélica: *vete y no peques más*.

Al hermano N., ministro:

El Señor te bendiga.

Te digo, como puedo, respecto al caso de tu alma, que todas las cosas que te son un obstáculo para amar al Señor Dios y quienquiera que te ponga obstáculo, sea de los hombres o de cualesquiera otros, aunque te azotaran, debes tenerlo por gracia. Y quiérelo así y no otra cosa. Y sea esto para ti verdadera obediencia al Señor Dios y a mí, pues sé firmemente que ésta es verdadera obediencia.

Y ama a los que esto te hacen. Y no quieras de ellos otra cosa, sino lo que el Señor te dé. Y ámalos precisamente en esto, y no quieras que sean mejores cristianos. Y sea esto para ti mejor que vivir en un eremitorio.

Y en esto quiero conocer si amas al Señor y me amas a mí, siervo suyo y tuyo, si procedes así: que no haya en el mundo ningún hermano que, habiendo pecado todo lo que pudiera pecar, se aleje jamás de ti, después de haber visto tus ojos, sin tu misericordia, si es que busca misericordia. Y, si no buscara misericordia, pregúntale tú si quiere misericordia. Y, si mil veces volviera a pecar ante tus propios ojos, ámalo más que a mí, para atraerlo al Señor; y ten siempre misericordia de los tales. Y, cuando puedas, comunica a los guardianes que por tu parte estás resuelto a comportarte así.

CARTA AL HERMANO ANTONIO

Aunque breve, la carta es importante desde el punto de vista histórico pues nos muestra un Francisco abierto al estudio. Parece ser que en el inicio de la Fraternidad el Santo se mostraba reacio a los estudios, pero a medida que la Fraternidad crece y aumentan las necesidades de la Iglesia, cambia de postura aunque recordando siempre que el demasiado estudiar no debe hacer olvidar el espíritu de oración y devoción. Efectivamente, su rechazo iba contra aquellos hermanos que con la excusa del estudio olvidaban sus quehaceres minoríticos.

Seguramente la carta es posterior a 1223, pues en ella se cita la Regla Bulada.

Al hermano Antonio, mi obispo, el hermano
Francisco:
Salud.
Me agrada que enseñes la sagrada teología a los
hermanos,
a condición de que, en su estudio, no apagues
el espíritu
de la oración y devoción, según se afirma en la
Regla.

ADMONICIONES 13-28

Las *Admoniciones* han sido calificadas como la *Magna Carta* de la vida común. Aceptar la corrección sin turbarse, renunciar a la voluntad propia, hacer el servicio del lavatorio de pies, saber acoger con misericordia a quien peca, ser paciente cuando las cosas no salen a nuestro gusto, mantenerse en la obediencia caritativa, evitar la envidia, el orgullo, acer-

carse con amor a un supuesto enemigo, hacerse pací-
fico, caminar hacia la pobreza de espíritu, hacia la
limpieza de corazón, la humildad, la compasión, buscar no apropiarse de nada, evitar la palabrería, la va-
nidad, el desorden... todo esto significa marchar hacia la desnudez total. Por esto las *Admoniciones* nos
ofrecen todo un programa de espiritualidad franciscana que, aún hoy, tiene mucho que decir a nuestro
mundo. Son una colección de avisos espirituales y ex-
hortaciones sobre el discernimiento interior y fra-
terno. Pertenecen al Francisco de los últimos años,
tiempo de su madurez. Las podemos situar hacia el
1216-17 pues coinciden con el inicio de los discursos
capitulares de Francisco. Se han escogido las *Admoniciones* de la 13 a la 28, que muestran el clima de la
espiritualidad de la fraternidad. Se las conoce como
bienaventuranzas franciscanas, pues todas, con ex-
cepción de la *Admonición* 27, empiezan con la palabra *bienaventurado* del Sermón de la Montaña (cf.
Mt 5, 1-12).

ADMONICIÓN 13
LA PACIENCIA

*Dichosos los pacíficos, porque serán llamados
hijos de Dios.* El siervo de Dios no puede saber

cuánta paciencia y humildad tiene mientras se le da gusto. Mas, cuanta paciencia y humildad muestra en el momento en que le contrarían quienes debieran darle gusto, tanta tiene y no más.

ADMONICIÓN 14
LA POBREZA DE ESPÍRITU

Dichosos los pobres de espíritu, porque de ellos es el reino de los cielos. Hay muchos que, entregados constantemente a la oración y las devociones, hacen muchas abstinencias y mortificaciones corporales, pero por una sola palabra que parece ser injuriosa para su propio yo o por cualquier cosa que se les quita, se escandalizan enseguida y se alteran. Estos tales no son pobres de espíritu, porque quien es de verdad pobre de espíritu se odia a sí mismo y ama a los que le pegan en la mejilla.

ADMONICIÓN 15
LA PAZ

Dichosos los pacíficos, porque serán llamados hijos de Dios. Son verdaderamente pacíficos aquellos que, en medio de todas las cosas que padecen en este mundo, conservan la paz en su alma y en su cuerpo, por el amor de nuestro Señor Jesucristo.

ADMONICIÓN 16
LA LIMPIEZA DE CORAZÓN

Dichosos los limpios de corazón, porque ellos verán a Dios. Son verdaderamente limpios de corazón los que desprecian las cosas terrenas, buscan las celestiales y nunca dejan de adorar y contemplar al Señor Dios vivo y verdadero con corazón y alma limpios.

ADMONICIÓN 17
EL SIERVO DE DIOS HUMILDE

Dichoso aquel siervo que no se enaltece más por el bien que el Señor dice y hace por medio de él, que por el que dice y hace por medio de otro. Peca el hombre que quiere más recibir de su prójimo que dar de sí mismo al Señor Dios.

ADMONICIÓN 18
LA COMPASIÓN DEL PRÓJIMO
Y LA DESAPROPIACIÓN INTERIOR

Dichoso el hombre que, en su fragilidad, soporta a su prójimo en aquello que querría que le soportara a él si estuviera en una situación semejante. Dichoso el siervo que restituye todos los bienes al Señor Dios, porque el que se reserva algo para sí, esconde en sí mismo el dinero de su Señor Dios, y lo que creía tener se le quitará.

ADMONICIÓN 19
LA VERDADERA HUMILDAD

Dichoso el siervo que no se tiene por mejor cuando es engrandecido y ensalzado por los hombres que cuando es tenido por vil, simple y despreciable, porque cuanto es el hombre ante Dios, tanto es y no más. ¡Ay de aquel religioso que ha sido colocado en lo alto por los demás y no quiere bajar por su voluntad! Y dichoso aquel siervo que no es colocado en lo alto por su voluntad y siempre desea estar a los pies de los demás.

ADMONICIÓN 20
EL RELIGIOSO SABIO
Y EL RELIGIOSO NECIO

Dichoso aquel religioso que no encuentra deleite y alegría sino en las santísimas palabras y obras del Señor y con ellas mueve a los hombres al amor de Dios con gozo y alegría. ¡Ay de aquel religioso que se deleita en palabras ociosas y vanas y con ellas mueve a los hombres a la risa!

ADMONICIÓN 21
EL RELIGIOSO FRÍVOLO Y HABLADOR

Dichoso el siervo que, cuando habla, no da a conocer todas sus cosas con la mira puesta en la recompensa, ni es pronto para hablar, sino que prepara sabiamente lo que ha de decir y responder. ¡Ay de aquel religioso que no guarda en su corazón los bienes que el Señor le manifiesta, y que, en vez de mostrarlos a los demás con obras, ansía, con la mira puesta en la recompensa, mostrárselos con palabras! Este tal recibe su recompensa, pero los que le oyen sacan poco fruto.

ADMONICIÓN 22
LA HUMILDAD EN LA CORRECCIÓN

Dichoso el siervo que soporta tan pacientemente la instrucción, la acusación y la reprensión que le hace otro como si se la hiciera a sí mismo. Dichoso el siervo que, al ser reprendido, lo acepta benignamente, se somete avergonzado, confiesa humildemente y de buen grado repara. Dichoso el siervo que no tiene prisa para excusarse y soporta humildemente la vergüenza y la reprensión por un pecado que no cometió.

ADMONICIÓN 23
MÁS SOBRE LA HUMILDAD

Dichoso el siervo que es tan humilde cuando está entre sus súbditos como cuando está entre sus señores. Dichoso el siervo que siempre se mantiene bajo la vara de la corrección. El siervo fiel y prudente es el que en todas sus ofensas no tarda en mortificarse interiormente por la contrición, y exteriormente por la confesión y las obras de satisfacción.

ADMONICIÓN 24
EL VERDADERO AMOR

Dichoso el siervo que ama tanto a su hermano cuando está enfermo y no puede corresponderle como cuando está sano y puede corresponderle.

ADMONICIÓN 25
MÁS SOBRE EL AMOR

Dichoso el siervo que ama y respeta tanto a su hermano cuando está lejos de él como cuando está con él, y no dice a sus espaldas lo que no puede decir con caridad delante de él.

ADMONICIÓN 26
LOS SIERVOS DE DIOS HAN DE
HONRAR A LOS CLÉRIGOS

Dichoso el siervo que tiene fe en los clérigos que viven rectamente según la forma de la Iglesia Romana. Y ¡ay de aquellos que los desprecian!, pues, aun cuando sean pecadores, nadie debe juzgarlos, porque el Señor mismo se reserva para sí solo su juicio. Pues cuanto más grande es el ministerio que tienen de administrar el santísimo cuerpo y sangre de nuestro Señor Jesucristo, que ellos reciben y sólo ellos administran a los demás, tanto mayor es el pecado que cometen los que pecan contra ellos, mayor que si pecaran contra todos los demás hombres de este mundo.

ADMONICIÓN 27
LA VIRTUD AHUYENTA EL VICIO

Donde hay caridad y sabiduría,
allí no hay temor ni ignorancia.
Donde hay paciencia y humildad,
allí no hay ira ni turbación.
Donde hay pobreza con alegría,
allí no hay codicia ni avaricia.
Donde hay quietud y meditación,
allí no hay desasosiego ni vagabundeo.
Donde hay temor de Dios que custodia la entrada,
allí el enemigo no tiene lugar por donde entrar.

Donde hay misericordia y discreción,
allí no hay superfluidad ni endurecimiento.

ADMONICIÓN 28
OCÚLTESE EL BIEN PARA QUE NO SE MALOGRE

Dichoso el siervo que atesora en el cielo los bienes que el Señor le muestra, y no ansía, con la mira puesta en la recompensa, darlos a conocer a los hombres, porque el Altísimo mismo dará a conocer sus obras a quienes le plazca. Dichoso el siervo que guarda en su corazón los secretos del Señor.

REGLA PARA LOS EREMITORIOS

Eje principal en la vida de Francisco es la oración, ella es la fuerza destinada a transformar a todo el hombre. Para darnos cuenta de esto basta echar una mirada a los lugares del primitivo franciscanismo: San Damián, Le Carceri, las ermitas del valle de Rieti, la Alverna... Estos lugares revelan el gran deseo del Santo de retirarse en oración y meditación. Sin olvidar el mundo a quien estaba entregado, Francisco pasaba grandes temporadas retirado en lugares abruptos y salvajes, lejos del trajín de las aldeas, y se zambullía en las profundidades de la contemplación; cierto, su modo de ser estaba más próximo a la quietud que no a la vida activa. De hecho la *Regla para los eremitorios* ha tenido, desde siempre, gran influjo en la historia de la vida contemplativa de la Orden Franciscana. Las sucesivas reformas surgidas en el seno del franciscanismo siempre han tenido como punto de partida la vida retirada, escondida, es decir, la vida eremítica. Situamos la fecha de esta *Regla* entre los años 1217 y 1222. Hay que advertir que esta *Regla* no lo es en el sentido común del término; es, mas bien, exhortación a la vida contemplativa. Todos están llamados a llevar vida contemplativa, todos están llamados a un tiempo de silencio, de sosiego, de plegaria intensa. Esto es en lo que insiste Francisco: que se haga un hueco en la jornada para el encuentro con el Señor. Del texto se pueden extraer cinco requisitos para la vida en estos eremitorios, a saber: que sean pequeños grupos los que formen fraternidad; que dos miembros hagan de madres y otros dos de hijos; que se esfuercen en guardar silencio; sentido de la pobreza; y obediencia.

Aquellos que quieran vivir la vida religiosa en eremitorios, sean tres hermanos o, a lo más, cuatro; dos de ellos sean madres y tengan dos hijos o, al menos, uno.

Los dos que son madres hagan la vida de Marta, y los dos hijos hagan la vida de María. Y tengan un cercado, y en él tenga cada uno su celdita, en la que ore y duerma.

Y digan siempre las completas de día, en cuanto se ponga el sol; y esfuércense por guardar silencio; y digan las Horas litúrgicas; y levántense a maitines; y busquen primero el reino de Dios y su justicia.

Y digan prima a su hora, y después de tercia interrumpan el silencio y pueden hablar e ir a sus madres.

Y cuando les agrade, pueden pedirles limosna, como pobres pequeñuelos, por el amor del Señor Dios.

Y después digan sexta y nona; y digan vísperas a su hora.

Y en el cercado donde moran no permitan que entre ninguna persona, ni que coman allí.

Los hermanos que son madres esfuércense por permanecer lejos de toda persona, y, por obediencia a su ministro, guarden a sus hijos de toda persona, para que nadie pueda hablar con ellos.

Y los hijos no hablen con ninguna persona, salvo con sus madres y con su ministro y custodio, cuando éste quiera visitarlos con la bendición del Señor Dios.

Pero los hijos hagan de vez en cuando el oficio de madres, alternándose según los tiempos que les pareciere establecer; y esfuércense en observar solícitamente y con esmero todo lo dicho anteriormente.

NARRACIÓN DEL LOBO DE GUBBIO
(FLORECILLAS XXI)[2]

Tras la ingenua simplicidad de las *Florecillas* se esconde algo mucho más profundo de lo que parece a simple vista: la literatura del Grupo de los Espirituales (aquel pequeño grupo de los primeros compañeros de Francisco que no admitían para la Orden ni privilegios ni evoluciones de ningún tipo, sólo seguir *sin glosa* el evangelio y a Francisco mismo; ellos se consideraban los verdaderos herederos del carisma franciscano). El contenido de las *Florecillas* es una

2. Para el texto de las *Florecillas*, véase *San Francisco de Asís. Escritos. Biografías. Documentos de la época.* Edición preparada por José Antonio Guerra, Madrid 1980, 838-840.

colección de milagros y ejemplos piadosos que tienen mucho que ver con la vida del Santo de Asís vulgarizados a fines del 1300 por un desconocido toscano. Respecto a la narración del *Lobo* de Gubbio, se ha discutido mucho sobre su historicidad. En el fondo no interesa saber si el lobo era realmente un animal, un terrorista, una prostituta o un salteador de caminos, lo que interesa es ver en el relato la parábola de una situación dramática a la que Francisco da salida pacífica y reconciliadora. Son dos realidades que se enfrentan: el lobo selvático y el lobo civilizado. El primero no sabe de leyes ni derecho positivo, lo único que sabe es que tiene el estómago vacío; el segundo, con el estómago lleno, esconde tras la fachada de civilizado, la fiebre de dominio, la venganza, el odio disimulado y el afán de protagonismo. El uno mata para comer, el otro deja morir por egoísmo. Francisco se encuentra entre ambos lobos ofreciendo paz y comprensión. La paz que Francisco muestra en esta parábola no se alcanza por la sumisión a uno u otro grupo sino por la superación de las múltiples rivalidades y mediante el reconocimiento de errores e injusticias.

En esta narración, para que resulte más fácilmente comprensible, se han creado dos personajes, el narrador y Francisco.

NARRADOR: En el tiempo en que San Francisco moraba en la ciudad de Gubbio, apareció en la comarca un grandísimo lobo, terrible y feroz, que no sólo devoraba los animales, sino también a los hombres; hasta el punto de que tenía aterrorizados a todos los habitantes, porque muchas veces se acercaba a la ciudad. Todos iban armados cuando salían de la ciudad, como si fueran a la guerra; y aun así, quien topaba con él estando solo no podía defenderse. Era tal el terror, que nadie se aventuraba a salir de la ciudad.

San Francisco, movido a compasión de la gente del pueblo, quiso salir a enfrentarse con el lobo, desatendiendo los consejos de los habitantes, que querían a todo trance disuadirle. Y, haciendo la señal de la cruz, salió fuera del pueblo con sus compañeros, puesta en Dios toda confianza. Como los compañeros vacilaran en seguir adelante, San Francisco se encaminó resueltamente hacia el lugar donde estaba el lobo. Cuando he aquí que, a la vista de muchos de los habitantes, que habían seguido en gran número para ver este milagro, el lobo avanzó al encuentro de San Francisco con la boca abierta; acercándose a él, San Francisco le hizo la señal de la cruz, lo llamó a sí y le dijo:

FRANCISCO: ¡Ven aquí, hermano lobo! Yo te mando, de parte de Cristo, que no hagas daño ni a mí ni a nadie.

NARRADOR: ¡Cosa admirable! Apenas trazó la cruz San Francisco, el terrible lobo cerró la boca, dejó de correr y, obedeciendo la orden, se acercó mansamente, como un cordero, y se echó a los pies de San Francisco. Entonces, San Francisco le habló en estos términos:

FRANCISCO: Hermano lobo, tú estás haciendo daño en esta comarca, has causado grandísimos males, maltratando y matando las criaturas de Dios sin su permiso; y no te has contentado con matar y devorar las bestias, sino que has tenido el atrevimiento de dar muerte y causar daño a los hombres, hechos a imagen de Dios. Por todo ello has merecido la horca como ladrón y homicida malvado. Toda la gente grita y murmura contra ti y toda la ciudad es enemiga tuya. Pero yo quiero, hermano lobo, hacer las paces entre ti y ellos, de manera que tú no les ofendas en adelante, y ellos te perdonen toda ofensa pasada, y dejen de perseguirte hombres y perros.

NARRADOR: Ante estas palabras, el lobo, con el movimiento del cuerpo, de la cola y de las orejas y bajando la cabeza, manifestaba aceptar y querer cumplir lo que decía San Francisco. Díjole entonces San Francisco:

FRANCISCO: Hermano lobo, puesto que estás de acuerdo en sellar y mantener esta paz, yo te prometo hacer que la gente de la ciudad te proporcione continuamente lo que necesitas mientras vivas, de modo que no pases ya hambre; porque sé muy bien que por hambre has hecho el mal que has hecho. Pero, una vez que yo te haya conseguido este favor, quiero, hermano lobo, que tú me prometas que no harás daño ya a ningún hombre del mundo y a ningún animal. ¿Me lo prometes?

NARRADOR: El lobo, inclinando la cabeza, dio a entender claramente que lo prometía. San Francisco le dijo:

FRANCISCO: Hermano lobo, quiero que me des fe de esta promesa, para que yo pueda fiarme de ti plenamente.

NARRADOR: Tendióle San Francisco la mano para recibir la fe, y el lobo levantó la pata delantera y la puso mansamente sobre la mano de San Francisco, dándole la señal de fe que le pedía. Luego le dijo San Francisco:

FRANCISCO: Hermano lobo, te mando, en nombre de Jesucristo, que vengas ahora conmigo sin temor alguno; vamos a concluir esta paz en el nombre de Dios.

NARRADOR: El lobo, obediente, marchó con él como manso cordero, en medio del asombro de los habitantes. Corrió rápidamente la noticia por toda la ciudad; y todos, grandes y pequeños, hombres y mujeres, jóvenes y viejos, fueron acudiendo a la plaza para ver el lobo con San Francisco. Cuando todo el pueblo se hubo reunido, San Francisco dijo:

FRANCISCO: Escuchad, hermanos míos: el hermano lobo, que está aquí ante vosotros, me ha prometido y dado su fe de hacer paces con vosotros y de no dañaros en adelante en cosa alguna si vosotros os comprometéis a darle cada día lo que necesita. Yo salgo fiador por él de que cumplirá fielmente por su parte el acuerdo de paz.

NARRADOR: Entonces, todo el pueblo, a una voz, prometió alimentarlo continuamente. Y San Francisco dijo al lobo delante de todos:

FRANCISCO: Y tú, hermano lobo, ¿me prometes cumplir para con ellos el acuerdo de paz, es decir, que no harás daño ni a los hombres, ni a los animales, ni a criatura alguna?

NARRADOR: El lobo se arrodilló y bajó la cabeza, manifestando con gestos mansos del cuerpo, de la cola y de las orejas, en la forma que podía, su voluntad de cumplir todas las condiciones del acuerdo. Añadió San Francisco:

FRANCISCO: Hermano lobo, quiero que así como me has dado fe de esta promesa fuera de las puertas de la ciudad, vuelvas ahora a darme fe delante de todo el pueblo de que yo no quedaré engañado en la palabra que he dado en nombre tuyo.

NARRADOR: Entonces, el lobo, alzando la pata derecha, la puso en la mano de San Francisco. Este acto y los otros que se han referido produjeron tanta admiración y alegría en todo el pueblo, así por la devoción del Santo como por la novedad del milagro y por la paz con el lobo, que todos comenzaron a clamar al cielo, alabando y bendiciendo a Dios por haberles enviado a San Francisco, el cual, por sus méritos, los había librado de la boca de la bestia feroz.

El lobo siguió viviendo dos años en Gubbio; entraba mansamente en las casas de puerta en puerta, sin causar mal a nadie y sin recibirlo de ninguno. La gente lo alimentaba cortésmente, y, aunque iba así por la ciudad y por las casas, nunca le ladraban los perros. Por fin, al cabo de dos años, el hermano lobo murió de viejo; los habitantes lo sintieron mucho, ya que, al verlo andar tan manso por la ciudad, les traía a la memoria la virtud y la santidad de San Francisco.

En alabanza de Cristo. Amén.

COMPADRE FRANCISCO,
COMADRE CLARA

Compadre Francisco
¿cómo vas de Gloria?
¿Y comadre Clara,
y la Hermandad toda?

Por acá, en la tierra,
vamos malviviendo;
grande la codicia
y el amor pequeño.

El amor divino
es muy poco amado,
y es flor de una noche
el amor humano.

La mitad del mundo
de hambre se muere;
y la otra mitad,
del miedo a la muerte.

Compadre Francisco,
el mundo es tan viejo,

que habrá que hacer otro
para verlo nuevo.

Señora Pobreza,
Perfecta Alegría
andan en los libros
más que en nuestras vidas.
Hay pocos alumnos
que toman en serio
la sabia locura
del santo Evangelio.

Cuando Jesucristo
y nuestra Señora
vengan a ayudarnos
a mudar la historia,

contamos contigo
en aquella hora,
y comadre Clara
y la Hermandad toda.

Pere Casaldàliga